Nadine Schiwnak, geboren 2001 in Düsseldorf hat durch die Lyrik einen Weg gefunden sich Dinge von der Seele zu schreiben, die sie so nie aussprechen könnte. So lernt sie sich selbst und ihre Umgebung zu verstehen. Das Schreiben ist eine besondere Art der Therapie für sie. Außerdem versucht sie u.a. Probleme und Gefühle so in sprachliche Bilder zu verpacken, dass auch Laien diese besser verstehen können. Neben der Poesie hegt die angehende Pflegefachfrau zudem Begeisterung für Fußball, Zeit in der Natur und für Medizin.

Nadine Schiwnak

Finsternis trifft Licht

www.tredition.de

© 2021 Nadine Schiwnak

Verlag und Druck:
tredition GmbH, Halenreie 40-44, 22359 Hamburg

ISBN2
Paperback: 978-3-347-08909-9
Hardcover: 978-3-347-08910-5
e-Book: 978-3-347-08911-2

Yin und Yang

Herrscht Dunkelheit
Ist Hoffnung gescheit
2Ein winziger Funke genügt
Sei nicht betrübt

Klammer dich an diesen Funken
Als wäre dieser dein Anker
Du bist nie ertrunken
Mach keinen Abdanker

Genieße das befreiende Gefühl
Gute Laune zu haben
Denn die Dunkelheit geht diese jagen
Also akzeptiere sie wenn auch kühl

Glaube stets an dich selbst
Und du dein Glück in den Händen hältst
Gib niemals auf
Sei stets hellauf

Yin und Yang

Dunkelheit und Licht

Beides ein Leben lang

Beides dir aus der Seele spricht

Das ist all die Mühen wert

Ich kann es nicht

In Worte fassen

Es dennoch nicht lassen

Dir zu schildern meine Sicht

Ich kämpfe mich zurück

Stück für Stück

Ich und aufgeben?

Nein das wird nicht sein

Ich bewältige jede Hürde

Dazu gehört jegliche Bürde

Bitte gib mir Zeit

Diese ist von Wichtigkeit

Ich weiß du musstest viel einstecken

Und dies hinterließ einige Flecken

Doch ich versichere dir

Darum schreib ich aufs Papier

Bin ich frei von Depression

Wirst du erkennen meine Reflektion

Ich werde dir beweisen

Wie wichtig du mir bist

Ohne erneut zu entgleisen

Ich bin dir unglaublich dankbar

Ohne dich wär alles nicht machbar

Bitte vertraue mir

Das ist all die Mühen wert!

Schwarzer Dämon

Weiß ich mal nicht weiter
Ist mein schwarzer Dämon am Werk
Und entwertet mich durchaus heiter
Meist ohne dass ich es merk

Lebt mit Hilfe kleiner Fehler
Er wächst und wächst und wächst
Er wird stets zum Hehler
Und du mit unter der Decke steckst

Der schwarze Dämon
Wird von 'nem Fabrikant
Zu 'nem mickrigen Praktikant
Als Chef aber fährt er schon

Ich trage keine Schuld
Das tut allein ihr
Ihr verursacht den Tumult
Deinetwegen leid ich unter mir

Sein Büro in der ersten Etage

Ich erinnere mich sehr vage

Nun ist sein Platz ganz oben

Wo er kann, wütend herumtoben

Sein Vertrag läuft nicht aus

Welch bittere Niederlag

Mich ins Dunkle zieht jeden Tag

Doch ich mach das Beste draus

Er ist absolut nicht echt

Als Lügner jedoch nicht schlecht

Seine tiefe Düsterkeit

So anziehend über Zeit

Kampf gegen mich selbst

Lauter störende Gedanken
In denen wir versanken
Kein Problem für jedermann
Für mich aber ist's schwerer dann

So lautet der Beginn
Des Kampfes gegen mich
Bloß mit winzigem Gewinn
Also lasst mich nicht im Stich

Von der Vergangenheit noch aufgewühlt
Unterbinde ich die Parentifizierung
Und bevorzuge eine andere Dosierung
Mein Selbstwert ist abgekühlt

Innerer Kritiker fiktiv und boshaft
Meine Seele zart und liebenswert
Ein unlauterer Kampf so begehrt
Wer eines solchen wohl schafft?

Vergiss nicht, bedenke schlicht

Licht ist stärker als Dunkelheit

Betrachte es aus dieser Sicht

Trotz Bemühungen muss derzeit

Dieser Akt immer wiederkehren

Ich all weit vehement gefangen

Im Kampf jenseits meiner Selbst

Oh Freiheit wie sehr du mir gefällst

Doch wie kann ich dich bloß erlangen?

Endlos

Wenn ich glaube meine Beine sind zu schwer
Dann geh ich nochmal tausend Schritte mehr
Manchmal löst ein Abgrund in mir Angst aus
Doch ich geh nicht zurück nehme nur Anlauf

Wenn ich doch mal fallen sollte
Du streckst deine Hand nach mir
Genau das was ich nie wollte
Dennoch sehne ich mich nach dir

Du rettest mich hilfst mir hoch
Nur widerwillig akzeptiere ich
Ich werde euch wohl nie los
Dies vernebelt mir die Sicht

Ich erkenne beinahe nur meine Makel

Ihr seht in mir jedoch weitaus mehr

Dafür danke ich euch sehr

Es scheint mir endlos mein Debakel

Endlos und nicht nur für kurze Zeit

Ach was schreib ich da bloß?

Es ist fehl am Platz dieses Endlos

Irgendwann bin ich nämlich befreit

Glaube

Genau das ist es
Was zählt ist der Glaube
Ob im Urlaub im Stress
Oder einfach zuhause

Keine Fakten kein Wissen
Diese haben keineswegs Bedeutung
So wirst du erhalten deine Erleuchtung
Du musst nicht die weiße Fahne hissen

Glaube macht dich stark
Bringt dich vielleicht in den Sarg
Das bezweifle ich zwar arg
Erschüttert mich dennoch bis ins Mark

Doch an was der Glaube?
Für Frieden die weiße Taube?
Ist das denn richtig?
Egal das ist nicht wichtig!

Käfig

Ich bin gefangen schlichtweg gefangen
Und strebe nach gänzlicher Freiheit
Welche ich nur allein kann erlangen
Es existiert kein Highlight

Gewisse Leute mir zur Hilfe eilen
Solch Bemühungen ergeben keinen Sinn
An meinem Glück muss ich feilen
Der Schlüssel vom Käfig mein Gewinn

In diesem Käfig bin ich allein
Selbsthass lässt mich nie verzeihen
Mein Körper so kraftlos
Und meine Seele so rastlos

Meine stärkste Emotion Hass
Ich bin diesen Käfig leid
Sehne mich zu sein befreit
Die Realität erscheint so blass

Ich allein in diesem Käfig

Mein Tatendrang recht mäßig

Darauf trink ich einen Gin

Ach ich glaub ich spinn!

Seelenschmerz

Meine Existenz die reinste Qual
Meine Aussicht katastrophal
Obschon bleibt mir keine Wahl
Als stark zu sein jedes Mal

Wozu lernte ich bloß schwimmen?
Um vor meinen Dämonen zu fliehen
Doch ich muss vor ihnen niederknien
Zu gehorchen habe ich ihren Stimmen

Emotionen und Gedanken ein Gewirr
Wenn nicht wär's ein Wunder
Dazu gibt's kein Plunder
Dazu fehlt das Geschirr

Unerträglich dieser Seelenschmerz
Ich bin niemals munter
Darunter leidet mein Herz
Meine Welt wird nicht bunter

Ich stehe an der Klippe

Diesen Moment bin ich gewohnt

Meine Augenringe stark betont

Vor dem Sprung gerne eine Kippe

Geduld

Therapie erfordert Geduld
Ganz gleich welches Thema
Jeder hat sein Schema
Therapie verursacht manch Tumult

Opportun wäre achtsam sein
Vertraue deinem sozialen Umfeld
Sowie deines Alltags Held
Frust benötigst du also kein

Bewahre den Blick stets fair
Auch wenn es sein wird sehr schwer
Niemand trägt hier die Schuld
Nicht zu vergessen, hab Geduld!

Blutige Tränen

Egal wie ich mich fühle
Der Seelendruck besteht
Gedanken in denen ich wühle
Doch ich weiß es vergeht

Meine Misere ein elendiger Kampf
Aus dem Kopf steigt mir Dampf
Es sind die Zweifel die mich quälen
Und die Dämonen die mich auserwählen

Kalte Schnitte meine Haut blutig
Ich bin alles andere als mutig
Der Schmerz lässt mich schweben
Beweist mir deutlich ich bin am Leben

Auf meiner Haut fließen rote Tränen
Mir wird durchaus bang
Die Dämonen hungrig wie Hyänen
Leide ich ewig unter diesem Zwang?

Vor lauter Panik wird mir recht übel

Dies katapultiert mich auf solch Trip

Verleiht mir tiefschwarze Flügel

Bis ich in der Blutlache umkippe

Prophezeie baldigen Selbsthass

Doch der hält nicht lange an

Der neue Weg mein Reisepass

Er zieht mich magisch in seinen Bann

Ich und meine Masken

Öffne jeden Tag diesen Schrank
Ich habe die Qual der Wahl
Muss mich entscheiden jedes Mal
Das ist doch vollkommen krank

Stelle mir die Frage aller Fragen
Welche Maske ziehe ich heute auf?
Welche Stimmung habe ich gut drauf?
Was kann ich heute noch wagen?

Hatte mich selbst belogen
Tue dies noch immer
Ohne blassen Schimmer
Habe ich mich der Realität entzogen

Vor lauter Angst trau ich mich nicht
Die Entscheidung irreversibel
Doch ich sollte sein penibel
Um zu betrachten jegliche Sicht

Welche Maske wird es nun sein?

Das ist nur halb so wichtig

Meine Existenz ist nicht richtig

Mein Lebenswille bloßer Schein

Sicher werde ich alle täuschen

Niemand braucht mir Rettung schenken

Ich selbst werde mich verscheuchen

So muss ich wohl oder übel denken

Dient schlichtweg zur Verteidigung

Meine Hoffnung kaltblütig getötet

Mein Kampfgeist so davon flötet

Für mein Dämon des Sieges

Bescheinigung

Ich selbst war ich wirklich nie

Das war mir auch niemals erlaubt

Die Dunkelheit hat meine Seele beraubt

Und verzweifelt in den Tod ich flieh

Flammen

Ich kämpfe und kämpfe und kämpfe
Ich frage mich wozu überhaupt
Hohe Ansprüche welche ich dämpfe
Innerer Kritiker dennoch drüber schaut

Sehe das Feuer in meinen Augen
Nicht bereit den Kampf zu verlieren
Gedanken die zu nichts Gescheitem
taugen
Leider zu schlichtweg bösem tendieren

Das Feuer es fesselt mich
Lässt mich einfach nicht los
Zerrt mich mit aller Kraft zu sich
Seine Macht ist wirklich groß

Es stellt sich nun die Frage
Kann ich umgehen mit dieser Macht?
In meiner derart misslichen Lage
Ziehe ich waghalsig in die Schlacht

Das Feuer verleiht mir Kraft und Stärke

Das Feuer verleiht mir Licht und

Zuversicht

Das Feuer entfacht so manch

Lebenswerke

Das Feuer entfacht so manch Pflicht

Wenn ich mit dem Feuer spiele

Verbrenne ich mich oder lösch ich es?

Möglichkeiten bestehen viele

Welche Wahl treffe ich in bei dem Stress?

So oder so in diesen Flammen werde ich aufgehen

Endlich frei

Vorbei ist soeben der Krieg

Der Stimmen in meinem Kopf

Erlangt hat keiner den Sieg

Auf Verhandlungstisch ich klopf

Einen Kampf will endlich keiner mehr

Zur Einsicht sind zuletzt alle gelangt

Nun stellt sich keiner mehr quer

Auch wenn die Stimmung schwankt

Gewalt entfacht bloß Gewalt

Die Intention längst vergessen

Die Macht als einzig wichtig galt

Derweil Akzeptanz stattdessen

Mit Erlaubnis all dieser Parteien

Verhandlungen haben bereits begonnen

In den Verträgen keine Gaukeleien

Alle haben sich zum Frieden besonnen

Jetzt unterschreibt jeder den soliden

Vertrag für ernsthaften Frieden

Alle haben wahrlich klug entschieden

Die Hoffnung noch nie gemieden

Von Gegnern zu Kameraden

Von Kameraden zu einem Team

Stets auf denselben Pfaden

Das ist vollkommen legitim

Die Teamleitung, das Sagen

Hat dennoch nur eine Stimme

Dank Weisheit und ohne Zagen

Ich so die Freiheit emporklimme

Gefangen, das war einmal

In meinem Kopf ein Gefängnis
Wird mir oft zum Verhängnis
Das ist mir absolut bekannt
Der Ausbruch liegt in meiner Hand

Konnte den Schlüssel nicht entdecken
Aber die Freiheit längst schmecken
Meine Sicht ins Negative verzerrt
Welche mich hat weggesperrt

Jetzt ist Schluss damit es reicht
Ein Griff in die Tasche wie leicht
Sofern der gute Wille genügt
Verlasse ich diesen Ort recht vergnügt

Dachte der Ort würde mich beschützen
Mich stets beharrlich unterstützen
Muss mich gewaltig getäuscht haben
In dem Wort was sie mir gaben

Meine Fehler werde ich mir vergeben

Um nach frischer Luft zu streben

Um in Freude und Glück zu schweben

Hauptsache ich kann richtig leben

Verwandle Schmerz in wohlwollende Kraft

Mache mir von Nutzen diese Macht

Kann zwar zurückkehren jederzeit

Doch auf Dauer bin ich es leid

Der Ausbruch leichter als gedacht

Der Ausgang nicht bewacht

Vor lauter Glück und Freud ich schrei

Ich spüre nun bin ich endlich frei

Die Arbeit ruft

Ich war lange weg, im Urlaub
Brauchte vom Leben eine Pause
Kehrte zurück zu mir nach Hause
Ich fand vor eine Menge Staub

In meiner langwierigen Absenz
Erlangten Dämonen die Kontrolle
Doch komme was wolle
Ich nicht weiter faulenz

Ein Haufen Arbeit liegt vor mir
Daran habe allein ich zu schuften
Angst und Wut nun verpufften
Denn das hier ist mein Revier

Lasse mich nicht in die Irre führen
Ich bin nämlich der Kopf der Truppe
Was sie wollen ist mir schnuppe
Die Dämonen werden dies noch spüren

Ich bin wahrlich stärker als zuvor

Meinem werten Urlaub sei Dank

Ich habe genügend Kraft im Tank

Erringe zurück was ich verlor

Degradiere sie ganz einfach

Erinnere sie wo ihr Platz ist

Trotz gewisser Zwist

Sie sind nun einmal schwach

Alte Ordnung endlich wieder da

Ich bin zufrieden

Habe wohl weise entschieden

Und das eh ich mich versah

Das Leben wartet

Das Entwerten ist ein Geist
Kann dies derweil auffassen
Es dennoch kaum sein lassen
Frühere Zeit zu viel Dunkles aufweist

Bin's nun einmal gewohnt
Muss alles andere erst erkunden
Was herbeiführt diverse Wunden
Aber ich weiß dass es sich lohnt

Lauschte dem Geist nur anfangs
Schenkte ihm gleich meinen Glauben
Er begann meine Seele zu berauben
Ich handelte dumm Dank seines Zwangs

Er benutzte mich lediglich
Ergriff von meinem Körper Besitz
War leider nicht bloß ein Witz
Er sich nicht davon schlich

Ich war krankhaft besessen

Diese Qual hat jetzt endlich ein Ende

Mein Leben ich nicht verschwende

Ich brauche meinen Wert nicht messen

Dieser Geist beherrscht mich nicht länger

Es bedarf Mut ich lerne wer ich bin

Mein Leben ergibt wieder Sinn

Letztlich bin ich eben ein Freigänger

Kleine Hommage

Sei ja nicht scheu
Koste von deinem Leben
Um in Freude zu schweben
Doch bleibe dir selbst stets treu

Dein Weg alles andere als leicht
Ich ziehe meinen Hut vor dir
Schau, nun stehst du hier
Dein Pech dein Unglück es weicht

So macht sich Hoffnung breit
Innerer Kritiker verstummt
Trotz dass er Probleme aufbrummt
Doch genau das bist du leid

Akzeptiere sowohl Kritik als auch Lob
Akzeptiere sowohl Sonne als auch Regen
Du benötigst beides auf deinen Wegen
Sei zu dir keineswegs grob

Bei Blumen ist es genauso

Kein Regen gleich keine Blume

Da gibt's keinen Grund für Irrtum

Gedeiht nur mit beidem heilfroh

Außerdem vergiss ja nicht

Du bist gut so wie du bist

Egal woran du deinen Wert misst

Du bist gut genug aus meiner Sicht

Achterbahn

Ich stehe an der Schlange

Zur Achterbahn ich so gelange

Gefühle stehen ganz hinten an

Erhaschen keinen Platz wohlan

Achterbahn der Gefühle?

Nein das ist meine Hyle

Begebe mich aufs Fahrgeschäft

Der Pessimismus vergeblich kläfft

Ich hege Vergnügen und Freude

Damit ich keine Zeit vergeude

Unheilvolle Angst kann nicht mit

Es ist und bleibt ein Fortschritt

Ob Schraube Inline Twist oder Looping

Die Vielfalt des Lebens mir entging

Der Launch verleiht mir Antrieb

Nun ändere ich mein Prinzip

Adrenalinkick ich sehne mich danach

Treffe Entscheidungen jedoch gemach

Auch wenn ich Risiken lobpreise

Ich von meiner Strecke nicht entgleise

Ja, es geht mal steil abwärts

Was bedeutet verheerenden Schmerz

Mache mir den Schwung zu Nutze

Bin rasch wieder oben ich stutze

Lebenswandel

Isolation ist mir sehr wohl bekannt
Inmitten dieser Mauern ich stand
Wuchs auf als Kind ohne Liebe
Nichts als Selbsthass mir dabliebe

Mauern dienten bloß zum Schutz
Welche nun sind reiner Schmutz
Ich trage sie so langsam ab
Ich mich nicht länger verkapp

Übrig bleibt nur eine Ruine
Verziehe deswegen keine Miene
Der letzte Rest ein Teil von mir
Darum ich sie schön bunt verzier

Ich streue wohlgemut Samen
Hecke Baum und Blumen ohne Ausnahmen
Lasse sie wachsen und gedeihen
Um meine Selbstliebe einzuweihen

Ich werde nicht zertrümmern

Muss mich nicht stets darum kümmern

Darf das Gießen auch mal vergessen

Mich jedoch nicht allzu sehr stressen

Wenn Regentropfen auf mich prasseln

Kann ich dennoch nichts vermasseln

Sonnige Tage kommen gewiss wieder

Ich lobe den Selbsthass nieder

Farbwechsel

Ich halte einen Stein an meiner Seite

Am besten schön groß und störend

Genau wie meine Gedanken empörend

Der Stein unentwegt in Reichweite

Solch eine folternde Last zu tragen

Daran habe ich mich längst gewöhnt

Mich dadurch permanent verhöhnt

Beinahe platzt mir der Kragen

Gewicht der Gedanken wird mir bewusst

Auf dem Stein stehen begleitende Sätze

Ihre Wirkung ich erneut verschätze

Darum bin ich wohl recht bestusst

Die Farbe der Sätze an meinen Händen

Ich nehme sie blindlings an

Jeder es sehen kann

Das würde die Reinheit schänden

Es kann folgendes passieren

Die Farbe verbleicht wird sehr blass

Um sie loszuwerden ich mich damit

befass

So werde ich mich regenerieren

Befreiende Explosion

Qualvoll lag ich da in Ketten

Welche an mir hängen wie Kletten

Das ist die Last meiner Geschichte

Sie macht mich meist zunichte

Jegliche Hoffnung geschwind verwehte

Der Wille frei zu sein sich von mir drehte

Zu lange verweilte ich an diesem Ort

Um zu erheben mein erlösendes Wort

Nun bin ich zur Erkenntnis gelangt

Ich wurde grundlos für vieles belangt

Von nun an ich selbst entscheide

Ich weiß gewiss ich nicht länger leide

Die Ketten ich demzufolge sprenge

So langsam zur Freiheit vordränge

Lasse mich nicht weiter einschränken

Ich werde mich schon richtig lenken

Konfettiböe

Ich trage absolut keine Schuld
Die Last ich dennoch erdulde
Verantwortlich bin ich trotzdem
Für das was ich mach aus dem Problem

Ich kann leben so wie ich will
Vorher war ich angepasst und still
Doch dies ist vorbei das war einmal
Derweil ich nun viel häufiger erstrahl

Mir ist klar geworden
Wie ich sowas habe einzuordnen
Mein Leben liegt in meiner Hand
Egal wie er ist mein Gemütszustand

Das Konfetti muss ich selbst greifen
Und von Ort zu Ort umherschweifen
Um es in mein eigenes Leben zu pusten
Ich hoffe nicht gleich los zu prusten

Welche Farbe das Konfetti auch besitzt

Ob gold grün lila oder grau aufblitzt

Ich begrüße allerlei Farben des Lebens

Die Finsternis wehrt sich vergebens

Auf die Dauer der Zeit nimmt die Seele die Farbe der Gedan-
ken an. Jahrelang war meine Seele schwarz, nahezu von Pech
umgeben. Ihre Düsterkeit war sehr dominant, gepaart mit Ele-
ganz und Seriosität, wurde ihre Glaubwürdigkeit bestärkt. Mir
wurde weiß gemacht schwarz sei der einzige Farbton und ande-
re existieren nicht. Blindlings ließ ich eine Marionette aus mir
machen. Doch je mehr ich mich selbst, meine Geschichte und
die Realität kennen lernte, desto entschlossener wurde ich, nicht
länger die Marionette meiner eigenen Dunkelheit sein zu wollen.
Demzufolge tue ich seit jeher Weiß dazu, also Frieden und Posi-
tivität in ihrer reinsten Form. Das Schwarz verblasst, wandelt
sich um in Grau und das Schwarz-Weiß-Denken fesselt mich
nicht mehr. Grau ist der Mittelweg. Dieser Farbton bedeutet
Stabilität, Weisheit und Sachlichkeit. Gleichzeitig kann dieses
Grau aber auch gleichgültig und monoton erscheinen. Schwarz,
Weiß und Grau stellen nur nicht alle Farben des Lebens dar,
dessen bin ich mir durchaus bewusst. Das Leben hat sowohl
seine miserablen als auch wunderbaren Seiten. Welche sich in
diversen Farben widerspiegeln. Derzeit besteht mein Leben
überwiegend aus Grau. Allerdings

will ich jegliche Farben des Lebens erblicken und von ihnen Gebrauch machen. Gelb füge ich hinzu damit ich in möglicher Dunkelheit Licht hab, welches mich dort herausführt, vielleicht auch mit ein wenig Egoismus. Mit der Farbe Grün erhalte ich Hoffnung, Glück, Wachstum, Regeneration und ein Stück Unreife. Blau verleiht mir Frieden, Harmonie und Zuverlässigkeit.

Lila drückt sich durch Unruhe, Magie und Zwiespältigkeit aus. Als gewaltige Farbe erweist sich Rot, sie entfacht ein Feuer, steht für Wut und Zerstörung, gleichzeitig aber auch für Liebe. Orange verleiht mir Lebensfreude, Wärme, lässt mich hin und wieder jedoch kindisch und unseriös erscheinen. Dank Rosa gelange ich an Empathie, Zartheit und an ein gesundes Maß Egozentrik. Zu guter Letzt der Farbton Braun, seinetwegen erhalte ich Biederkeit, Authentizität und kann bodenständig und neutral sein. Ich werde allerdings keineswegs alle Farben zusammen mischen. Mal lasse ich einen roten Klecks, mal einen blauen zu. Gewisse Farben überlappen vermischen sich zwischendurch, ein Rest reiner Farbe bleibt dennoch stets bestehen. Falls eine Farbe aufgebraucht ist, besorge ich einfach einen neuen Eimer. Aber ich kann versichern es wird des Lebens Farbenspiel bleiben und nicht in einem trostlosen Schlamassel von Farben enden

Handwerksarbeit

Meine Hände greifen das Werkzeug
Zuerst ich es kritisch beäug
Bin unbeholfen das ist nicht gescheit
Mache mich dennoch zügig an die Arbeit

Werkzeuge dienen zum Reparieren
Alte Denkmuster muss ich relativieren
Sie sind abgenutzt ihre Zeiten vorbei
Sie sind derweil nichts als sinnfrei

Die Axt ich mir als Erstes schnapp
Negative Glaubenssätze zusammen klapp
So wie das selbstverletzende Verhalten
Zerschlage es mit der Axt ohne
Zwiespalt

Als nächstes nehme ich die Säge
Ich bin nicht im Geringsten träge
Mein Misstrauen so groß, welch Tücke
Deswegen zersäge ich's in Stücke

Der Schraubenzieher nicht zu vergessen

Er ist belangvoll nach meinem Ermessen

Meine Entwicklung will ich

festschrauben

Damit ich nicht töricht verlier den Glauben

Zuversichtliches Denken halte ich fest

Selbstakzeptanz ist die welche es

zulässt

Jenes ist zwar wie der Rest ein harter Test

Selbstliebe ist nichts was mich stresst

Roadtrip

Definiere das Leben als Roadtrip
Sitze im Auto, drücke aufs Gaspedal
Mein Ziel aber wohl recht fahl
Dabei ich nervös an meiner Cola nipp

Zwischendurch muss ich tanken
Benzin ist wie Kraft die ich bedarf
Den Lebenswillen ich nie ganz verwarf
Auch wenn Tempo & Wegweiser schwanken

Der Tank darf mal leer gehen
Ich denke ich validier das dann
Solange ich ihn auffüllen kann
Werde ich nicht mehr umdrehen

Die Spritsorten sind verschieden
Passe auf um richtig zu wählen
Will mich an der Kasse nicht verzählen
Bin häufiger einfach so zufrieden

Verschwenderische Kraft ist sinister

An welchem Ort ich auch lande

Fehler bedeuten keine Schande

Zur Reserve Benzin gefüllte Kanister

Weiß nicht jederzeit wo diese sind

Besitzt keinen hohen Stellenwert

Manchmal bin ich eben unbeschwert

Sofern ich meine Energie wieder find

Ein Therapeut ist jemand der uns mit einer Taschenlampe in unserer tiefsten Dunkelheit begleitet, um uns zu helfen unseren Ausweg zu finden. Dank ihrer Unterstützung habe ich meinen Ausweg nun gefunden. Oft verirre ich mich unbewusst immer wieder in meiner eigenen Dunkelheit. Wenn genau das geschehen ist, bemerke ich es nicht unbedingt.

Sie weisen mir jedoch den Weg hinaus. Manchmal gehe ich aber bewusst den Weg zurück in die Dunkelheit. Warum ich das tue verstehe ich selbst nicht vollkommen. Allerdings erahne ich, das Licht, einfach abseits der Dunkelheit zu stehen viel zu sehr mit Angst, Unsicherheit und Ungewissheit zu verbinden ist. Nicht verwunderlich. Dunkelheit ist seit Jahren gewohntes Terrain für mich und bekanntermaßen bleibt man ja gerne bei dem was man gewohnt ist. Doch Sie bleiben, beleuchten hartnäckig mein Ausweg mit der Taschenlampe. Hin und wieder kann es vorkommen, dass diese einen Wackelkontakt hat, mal sehe ich das Licht und mal nicht. Das wiederum liegt lediglich an mir, denn ich muss dieses Licht auch sehen wollen.

Naja, so oder so, Sie lassen Hoffnung entstehen und verschaffen mir Mut.

Blödsinn

Penetrante Stimme in meinem Kopf
Behaupte sie ist ein Hitzkopf
Ihre Taten zeigen was ein Schwachkopf
Ihre Worte zeigen was ein Murrkopf

Ständig verfolgt sie mich
Gut macht sie's aber nich
Probierts heimlich und leise
Zieht abkömmlich ihre Kreise

Sie sagt, nun gib schon endlich auf
Außer Versagen hast du eh nichts drauf
Bist nun einmal nicht gut genug
Warst noch nie sonderlich klug

Ich weiß dass sie lügt
Mich unentwegt betrügt
Darum fliege ich vor ihr
Und ihrer immensen Habgier

Lasse mich nicht weiter jagen

Lasse Zweifel nicht an mir nagen

Diese Stimme wird scheitern

Ihre Wunden werden eitern

Die Stimme verliert die Jagd

Somit auch mich als ihre Magd

Ihre mangelnde Macht mein Gewinn

Das ist meines Lebens wahrer Beginn

Geschichte schreiben

Das Leben gleicht einem Buch
Es beruht keineswegs auf einem Fluch
Welches Genre es auch sein mag
Die Geschichte in meiner Hand lag

Manche Kapitel sind traurig
Andere spannend und schaurig
Manche Kapitel sind wundervoll
Andere amüsant und friedvoll

Das Buch birgt diverse Facetten
Davon existieren keine Kassetten
Was auch immer wir mal tun
Akzeptieren sollten wir alle Seiten nun

Nicht jede Seite ist angenehm
Nicht jede Seite ist uns bequem
Wir brauchen keine Angst zu haben
Könnten dafür an Gelassenheit laben

Müssten nur besitzen den nötigen Mut

Um umzublättern wäre es echt gut

Die Angst davor wird verschwinden

Sofern wir jegliche Zweifel überwinden

Trage Verantwortung für meine Worte

Welche ich häufig behutsam horte

Was andere auch verstehen beim Lesen

Es liegt nicht an meinem Wesen

Das Leben ist wie Zeichnen; Wir zeichnen unser eigenes Leben. In der frühen Kindheit natürlich noch nicht. Allerdings wird uns das von den Erwachsenen, beziehungsweise besser gesagt von unseren Eltern, beigebracht. Zumindest in den meisten Fällen. Sie zeigen uns, in Bezug auf sich und im Umgang mit uns, welche Art des Zeichnens, welche Wahl an Stiften und welche Farben am besten geeignet sind. Was jedoch am besten ist, liegt im Auge des Betrachters. Vorsicht ist geboten, diese Auswahl der Stifte und Farben spiegeln Überzeugungen wider, sie sind also subjektiv. Wir sollten uns stets ins Gedächtnis rufen, Überzeugungen können auch falsch sein. Bloß weil uns diese als Wahrheit präsentiert wurden, bedeutet es nicht gleich, dass sie auch der Wahrheit entsprechen.

Hast du bisher den Bleistift benutzt, da dich Unsicherheit geprägt hat? Hast du Buntstifte, Fineliner oder Wachsmalstifte verwendet? Oder hast du Marker, Filzstifte oder Eddings benutzt um einen gewissen Teil der Zeichnung zu betonen?

Wir dürfen nur nicht vergessen, kein einziger Abschnitt unseres zeichnerischen Werkes - völlig unwichtig wie weit wir gekommen sind oder wie klein und fein es ist - absolut nichts davon lässt sich wegradieren.

Es spielt auch keine Rolle welche Farbe wir zur Hand nehmen und aufs Papier bringen, sei es schwarz, gelb, rot, blau oder welche es auch sein mag,

Sie lässt sich nicht wegradieren. Der Radiergummi ist eines der wenigen Utensilien, die uns nicht mitgegeben wurden.

Nicht weiter tragisch, aus Fehlern und dunklen Zeiten lernen wir und wachsen daran oder etwa nicht?

Gute, selbstlose Menschen sind wie Kerzen. Sie nehmen keine Rücksicht auf sich und was mit ihnen passiert. So war auch ich, kann diese Verhaltensweise aber immer mehr ablegen. Hat jemand Probleme oder ist mental einfach in keiner guten Verfassung, entzündet sich der Docht. Ich wollte stets ein Licht für andere sein. Ich gelangte zur Erkenntnis, dass ich bald noch verbrennen werde, sofern ich keinen Wert auf mein eigenes Wohlbefinden lege.

Ich war nicht nur kurz davor zu verbrennen, das Wachs schmolz weiter und weiter. Das bedeutete puren Schmerz in Kombination mit Angst und Überforderung. Natürlich, immerhin verlor ich zeitgleich Stück für Stück meine Lebensfreude, meine Persönlichkeit, meinen Kampfgeist.

Ich verlor Stück für Stück mich selbst. Das Wissen zeitnah zu verbrennen, falls ich lediglich für andere ein Licht sein werde. Dadurch erlosch die Kerze.

Erfreulicherweise, denn von nun an bin ich für mich allein ein Licht, welches mir erlaubt zu heilen. Es brennt nicht, dafür scheint es jedoch friedlich in meinem Herzen.

Spieleabend

Jetzt verweile ich hier am Abend
Sitze mit meinen Dämonen am Tisch
Recht renitent ich die Sippe an zisch
Und sie wartend mit der Hufe scharrend

Um zu siegen bedarf es teils Glück
Darauf ich mich gar nicht erst verlass
Denn ich brauch ja nicht nur das
Meine eminente Intelligenz ich zück

Anfangs überkam mich das Pech
Sie gewannen nahezu jedes Spiel
Aus den Augen verlor ich mein Ziel
Gleich darauf wird ihr Mundwerk frech

Uno Twister Rommé und viel mehr
Ganz gleich welches Spiel es war
Ich entwickelte Taktikgefühl na klar
Strategien ich mir dennoch selbst lehr

Erfreue mich an der Siegessträhne

Ich hatte einen schweren Start

Keine Spielregeln zu kennen ist hart

Ich vergoss die ein oder andere Träne

Eine Revanche fordern sie nun

Können mit Niederlagen nicht leben

Ihnen eine weitere Chance geben?

Das werde ich schlichtweg nicht tun

Ich bleibe stehen. Verharre in meiner Position. Ich komme nicht weiter, kann nicht voranschreiten. Das Problem äußert sich in Form eines gewaltigen Hindernisses.

Irgendwie, ja irgendwie kann ich es nicht definieren. Ich sehe jenes Hindernis, sehe aber nicht was es ist. Ich bin unfähig eine Lösung für das Problem zu finden, es scheint als wäre ich blind.

Durchaus wirr verweile ich dort einen langen Augenblick. Unverhofft schalte ich meinen Verstand ein. Das Hindernis zu überwinden ist sicher nicht die einzige Möglichkeit. Manchmal reicht es auch einfach außen herum zu gehen. Völlig irrelevant ob links oder rechts.

Hauptsache ich ziehe am Hindernis vorbei.

Hauptsache ich gestatte mir diesen Umweg

Demo

Etwas verändert sich
Ich verändere mich
Meine Dämonen spüren es
Schon machen sie Stress

Sie wollen sich wehren
Mir mein Leben erschweren
Ihre Ansicht konservativ
Ihr Vorhaben ging schief

Ihr Reden recht kraus
Sie gehen jetzt raus
Führen nun Protest
Halten Plakate fest

Beim Alten soll's bleiben
Mich in den Wahnsinn treiben
Ihre Demo war zu erwarten
Wie deren schlechte Karten

Ihr Anliegen nicht wichtig

Da lieg ich sicher richtig

Ihren Blick ich noch erhasch

Die Demo unterbreche ich rasch

Aufgelöst ist diese nun

Dämonen können nichts tun

Ich höre nicht auf sie

Denn Recht haben sie nie

Wohin ich auch geh, das Netz samt diverser Steine schleppe ich unweigerlich mit mir herum. Darin befindet sich nicht nur ein einziger Stein, auch nicht zwei oder drei, sondern weitaus mehr. Jeder Stein definiert ein mich belastendes Thema/Problem. Sei es der unerfüllbare Anspruch an mich selbst, Leistungsdruck in jeglichen Bereichen, Selbstverletzendes Verhalten, allgemein destruktive Verhaltensweisen oder negative Glaubenssätze. Hinzu kommen noch der Nähe-Distanz Konflikt, der Entwert-Kreislauf, übersteigertes Verantwortungsbewusstsein, intensive Gefühle und der innere Kritiker.

Meine Eltern bzw. meine Mutter finden zwischen all den Dingen auch noch Platz. Zwischendurch lege ich so manch Steine ab, lasse sie irgendwo liegen. Haben die guten Tage jedoch ihr Ende genommen, finde ich den Weg zurück zu diesen Steinen und sammle sie wieder auf. Es ist opportun die Last regelmäßig zu verringern. Auf lange Sicht allerdings:

Es ist an der Zeit dieses Netz zu entsorgen!

Anpassen

Ich hab mich angepasst als Kleinkind
Ich hab mich angepasst als Kind
Ich hab mich meiner Familie angepasst
Ich hab mich meinem Wohnort angepasst

Ich gab wohl nie auf mich Acht
Das lag nicht in meiner Macht
Darf derweil ich selbst sein
Oder ist das nur der Schein?

Das kann ich gar nicht sagen
Traue mich aber nicht zu fragen
Ich bin völlig platt
Hab das Anpassen satt

Doch es überfordert mich
Wer ich wirklich bin
Ich weiß es wirklich nich
Wer ich wirklich bin

Ich finde das noch heraus

Ziehe meine Stirn dabei kraus

Es dauert wohl eine Weile

Aber ich habe ja keine Eile

Fahrradtour

Ich bin mit dem Fahrrad unterwegs
Vergangenheit geht mir auf den Keks
Sie ist stets hinter mir her
Doch sie will noch mehr

Ihre Art ist echt öde
Und ihre Ziele blöde
Das ist jammerschade
Doch sie zeigt keine Gnade

Ich lege eine Pause ein
Da ich spüre höllischen Pein
Ein E-Bike ich besorge
Ich's mir jedoch nur borge

Erlangen so reichlich Energie
An der Vergangenheit ich vorbei zieh
Ich weiß zwar nicht wie
Aber hinter mir lass ich sie

Verfüge wieder über Kraft ich stutze

Das gängige Fahrrad ich gleich benutze

Habe das Hier und Jetzt angenommen

Nun bin ich endlich angekommen

Die Genesung erweist sich als Pfad durch die Berge, manchmal geht's aufwärts, manchmal abwärts. Es besteht die Möglichkeit, dass wir zwischendurch zurück gehen. Vielleicht auch kurz bevor wir den Gipfel, also ein Ziel von vielen Zielen erreicht haben. Das ist keineswegs verwerflich, so könnten wir andere Wege entdecken und davon abgesehen werden wir unseren Blick auch wieder nach vorne richten. Manche Wege erschweren uns den Gang nach oben. Diese sind steinig, schlammbedeckt, holprig und dem Abgrund sehr nahe gelegen. Andere hingegen sind gepflastert, schenken uns Gewissheit, was dieser Weg mit sich bringt. Doch es geht nicht immer nur bergauf oder bergab. Genesung bedarf auch das Durchlaufen flacher Landschaften, erlaubt uns somit eine Pause. Diese Pause sollten wir annehmen, um zumindest ein wenig Ruhe zu erlangen, gleichzeitig aber auch um zu Kräften zu kommen. Es ist übrigens vollkommen unwichtig welche Ausrüstung man bei sich trägt oder über welche Fähigkeiten jeder Einzelne verfügt. Jeder kann diesen Weg gehen.

Auf und Ab, Hin und zurück, steinig und schwer, flach und einfach. Das ist der Weg der Genesung

Eine Partie Rommé

Nun kann die Partie starten

Ich erhalte meine Karten

Welche kann ich nicht entscheiden

Nehme sie entgegen recht bescheiden

Ich bestimme wie ich spiele

Entscheide auf was ich abziele

Sortiere die Karten ganz oft

Habe Spaß am Spiel ganz unverhofft

So manch Risiko nehme ich in Kauf

Nur selten ich verschnauf

Meine Taktik Rommé Hand

Auf das Resultat warte ich gespannt

Hin und wieder war ich geschwächt

War zu mir selbst nicht gerecht

Doch trotz einiger Missgeschicke

Ich dem Sieg hochgemut entgegen blicke

Stern der Hoffnung

Unsere Gespräche bei Tag
Welches Thema es auch sein mag
Die Erinnerung bei Nacht
Sie hat viel Macht

Sie wie ein Stern
Ich war so fern
Sie leuchten weiter
Ich nicht scheiter

Sie weisen mir stets den Weg
Wie viel Finsteres ich auch heg
Sie bleiben dort
Halten Ihr Wort

In Erinnerung schwelge ich
Ja geprägt haben sie mich
Ihre Art ist durchaus rar
Das ist wirklich wunderbar

Der Stern scheint bisher

Am Nachthimmel nun nicht mehr

In meinem Herzen strahlt ihr Licht

Ich vergesse Sie nicht

Kind im Supermarkt

Der innere Kritiker wie ein Kind
Rennt im Supermarkt geschwind
Zu den köstlichen Süßigkeiten
Genau darum werden wir uns streiten

Bekommt nicht das was er will
Bleibt also nicht still
Das ist Stress pur
Er ist eben stur

Er wirft sich auf den Boden
Das ist eine seiner Methoden
Tränen die seine Augen füllen
Er hört nicht auf zu brüllen

Würde ich seinen Wünschen nachgehen
Könnte ich nur selten widerstehen
Doch ich gebe nicht mehr nach
Mein Selbstwert bereits daran zerbrach

Er raubt mir wahrlich alle Nerven

Muss wohl meine Erziehung verschärfen

Ich kaufe ihm dennoch als Trost

Wasser mit Geschmack also Prost!

Belangloser Anruf

Mein Telefon liegt nun hier
Auf der Sofakante bei mir
Es fängt laut an zu klingeln
Und ich lass es weiter klingeln

Die Vergangenheit ruft an
Da geh ich sicher nicht dran
Sie will heftig an mir rütteln
Doch ich werde sie abschütteln

Sie raubt mir jegliche Energie
Ich habe keinen Nerv für sie
Ihre Aura so verdammt hasserfüllt
Liebe und Sicherheit mich umhüllt

Warum sollte ich mich noch quälen
Sie hat nichts neues zu erzählen
Ihren Anruf leite ich einfach weiter
Auf die Mailbox mein Grinsen wird breiter

Sinn hin oder her

Ich empfinde tiefe Scham

Diese legt mich lahm

Ich will lieber Schweigen

Ich will keine Schwäche zeigen

Doch Was bedeutet Schwäche schon?

Das ich von mir gebe keinen Ton?

Ein paar Rückschritte mache?

Ach das ich nicht lache

Schwach sein heißt stark sein

Stark sein heißt schwach sein

Wahrhaben will ich das nicht

Sinnvoll ist aber nur diese Ansicht

Meine Narben sind der Beweis

In den sauren Apfel ich beiß

Mein Leben ich nicht weg schmeiß

Ich bin stark ich weiß

Oft manipuliere ich mich

Lasse mich selbst im Stich

Noch immer eifere ich ihr nach

Den Kontakt zu ihr abbrach

Ich bin's leid das Getue

Brauche bloß innere Ruhe

Ich darf keine Zeit schinden

Um meinen Lebenssinn zu finden

Das Licht des Zimmers brennt spärlich. Niedergeschlagen sitze ich mit hängenden Schultern auf dem Sofa. Ich schwelge in Erinnerung, halte Fotos aus meiner Kindheit in der Hand und betrachte diese gebannt. Mein Gesicht spiegelt sich auf den Fotos wider. Ich blicke in meine Tränen gefüllten Augen. Nichts als Schmerz lässt sich erkennen. Ruckartig stehe ich auf, um mir den erstbesten Blumentopf zu schnappen und damit auf die Terrasse zu gehen. Die Fotos befinden sich noch immer in meiner Hand. Plötzlich wird mir bewusst wie viel Kraft und Energie wirklich hinter diesem Schmerz steckt. Ich bin meinen verschwenderischen Umgang mit dieser Energie leid, ich ertrage den Schmerz nicht länger. Die Kindheitsfotos lege ich gefolgt von Briefen meiner Familie insbesondere meiner Eltern in den Blumentopf. Ich greife nach dem Feuerzeug in meiner Hosentasche und ohne mit der Wimper zu zucken entzünde ich das Feuer. Erleichterung überwältigt mich. Meine Kindheit steht in Flammen, zerfällt so zu Asche. Es ist an der Zeit los zu lassen. Vergangenes und toxisches hinter mir zu lassen. Ich gehe wahrlich in Flammen auf. Ist all das nicht ein Schrei nach Liebe? Ein Schrei nach Freiheit?

Tulpenwiese

Ich spüre eine leichte Brise

Ich blicke auf die Wiese

Sie ist voller Tulpen

Sie erinnern mich an dich

Ihre Farben die reinste Vielfalt

Was gibt ihnen eigentlich Halt

Vermutlich die Strahlen der Sonne

Doch auch Regen ist eine Wonne

Manchmal hängen ihre Köpfe nieder

Doch sie richten sie auch wieder

Hoffnung und Lebensfreude bleiben

Und den Tatendrang vorantreiben

Sie stehen für Schönheit und Glück

Darum ich sie niemals pflück

Sie stehen für Zuneigung und Liebe

Nichts als Faszination mir dabliebe

Stürme ziehen an dir vorbei

Das ist nicht schmerzfrei

Doch du hältst all dem stand

Das ist mir sehr wohl bekannt

Deine innere Stärke wächst

Auch wenn du es nicht checkst

Du bist dich stets am Bemühen

Du wirst wundervoll aufblühen

(K)ein Blick auf die Uhr

Schau nicht auf die Uhr, tu was sie tut, geh weiter.

Völlig irrelevant was gestern passiert ist, heute passiert oder morgen sein wird.

Völlig irrelevant wer oder was dir in die Quere kommt. Völlig irrelevant wie viel Zeit vergeht. Selbst wenn du denkst die Zeit bleibt stehen und du kommst nicht weiter.

Schau nicht auf die Uhr, tu was sie tut, geh weiter.

Was bedeutet das schon? Ich finde etwas oder jemanden als normal zu betiteln, spiegelt lediglich die Normen der Gesellschaft wider. Wir passen uns diesen meist automatisch an, entspricht man diesen Normen nicht, gilt man als unnormal, anders eben. Natürlich wird dies überwiegend negativ bewertet. Oft höre ich den Satz „Ich möchte einfach ein normales Leben führen"

Was bedeutet das schon?

Nicht mehr als sich in der Gesellschaft einzureihen und danach zu streben, so zu leben wie es nun einmal vorgegeben wird. Sicher, dass funktioniert natürlich nicht. Jeder Mensch ist ein Individuum, differenziert sich in vielen Hinsichten. Gesundheit, Aussehen, Charakter und Lebensbedingungen sind nur ein paar Unterschiede. Es existieren noch so viele mehr, da ist es gar nicht möglich die Ansprüche zu generalisieren und auf jeden Einzelnen zu übertragen. Und das ist auch gut so!

Normal sein sollte kein Bestreben sein.

Man selbst sein hingegen schon!

Warum?

Anstatt mir das Leben zu versüßen
Schöne Zeiten freudvoll zu begrüßen
Trete ich meinen Wert mit Füßen
Als müsste ich für etwas büßen

Ich frage mich für was
Und warum tu ich das
Das wüsste ich wirklich gern
Doch die Antwort ist so fern

Warum ich mich so wenig um mich scher?
Warum hasse ich mich so sehr?
Warum ich mich nicht verehr?
Warum ist das nur so schwer?

Ich hab so verdammt viel zu sagen
Doch mir hat's die Sprache verschlagen
Unentwegt befällt mich Unbehagen
Das schlägt mir gehörig auf den Magen

Ich bin stets auf der Hut

Fasse jedoch wieder Mut

Greife nach den Sternen

Will mich lieben lernen

Der Zukunft blicke ich entgegen

Die Vernunft kommt mir gelegen

Ich nehme Rückschläge in Kauf

Doch ich gebe niemals auf

Der Puls meines vernarbten Herzens steigt rapide. Vor lauter Panik verlassen zu werden. Aus Sorge nicht zu wissen, wo mein Platz in dieser verkorksten Welt ist. Mein Herz ist rastlos, so zart und so zerbrechlich. Alte Wunden reißen qualvoll langsam auf. Zu meinem Leidwesen streue ich auch noch Salz in diese. Ich kann eben nicht anders. Von Tag zu Tag ersehne ich mir immer mehr meinen Herzstillstand. Ich habe doch nur diesen einen einzigen Wunsch. Mein Herz soll einfach aufhören zu schlagen.

Man warf mich ins kalte Wasser oder war ich das selbst? Das kann ich nicht beantworten, ist aber auch nicht weiter von Bedeutung. Ich dachte, ich könnte wirklich schwimmen. Zumindest konnte ich es mal, doch nun ist es als hätte ich dies verlernt. Einsam und allein kämpfe ich inmitten des scheinbar endlosen Ozeans ums Überleben. An Zeit zum Verschnaufen ist gar nicht erst zu denken. Jede einzelne Sekunde ist eine Qual. Meine Kräfte verlassen mich, ich kann nicht mehr. Nichts existiert, um mich über Wasser zu halten. Das Feuer der Hölle, durch welche ich tagtäglich gehe, brennt in mir. Ich ertrinke. Das Feuer brannte einst in mir. Ich ertrinke. Sowie das Feuer, erlischt auch meine Existenz.

Doch fiebere ich alldem nicht schon von Anfang an entgegen? Ist es nicht das, was ich mir eigentlich sehnlichst wünsche?

Therapiestunde

Die Termine nehme ich wahr
Trotz dass ich nur ungern hin fahr
Lasse ich mich darauf ein
Was sein muss, muss eben sein

Auf dem Sofa nehme ich Platz
Bei jedem ausgesprochenen Satz
Meide ich den Blick in die Augen
Aus Angst dass diese nichts taugen

Ich starre oft an die Wand
Spiele nervös mit meiner Hand
Will mich der Realität entziehen
Und in meine eigene Welt fliehen

Krampfhaft halt ich an toxischem fest
Obwohl es mich schrecklich stresst
Es ist deutlich an der Zeit
Mir zu ersparen jegliches Leid

Ich setz mich mal in den Sessel

Andere Blickwinkel ich so entfessel

Das macht so einiges aus

Ich komm aus der Komfortzone raus

Ich kann mich auch wieder umsetzen

Hauptsache ich lern mich zu schätzen

Anstatt mich ständig zu zerfetzen

Hauptsache ich fang an zu schwätzen

Ich bin nicht bloß kritisch mit mir selbst, ich entwerte mich, und zwar ständig. Als würde ich wie ein Ticket beim Einsteigen in den Bus entwertet werden. Irgendwie hoffe ich genau dadurch wie das Ticket den Wert zu verlieren. Doch dies ist keineswegs der Fall. Wie oft ich das auch tue, ich verliere meinen Wert nicht. Ich bin und bleibe wertvoll. Wie das Ticket eines Dauer Abos also, welches nicht zu kündigen ist. Nur, dass ich nichts zahlen beziehungsweise leisten muss, um wertvoll zu sein. Es ist ebenso. Von daher kann ich dieses schwachsinnige Entwerten auch mal sein lassen.

Lichtblick

Deine Musik ist mein Licht
Wenn Finsternis einbricht
Sie spiegelt meine Gedanken wider
Sie sind keineswegs bieder

Deine Musik ist mein Licht
Sie schenkt mir Zuversicht
Was ich nur schwer aussprechen kann
Fasst du in einfache Worte dann

Deine Musik ist mein Licht
Wenn die Angst aus mir spricht
Das trifft sich sehr gut
Denn du machst mir Mut

Deine Musik ist mein Licht
Einsam und allein bin ich nicht
Vergesse für den Moment meine Sorgen
Ich fühl mich sicher und geborgen

Deine Musik ist mein Licht

Darum ich schreib dieses Gedicht

Deine Musik bedeutet so viel mehr

Von Herzen danke ich dir sehr

Kein Gefühl

Ich fühl mich wie betäubt
In mir sich stets etwas sträubt
Gegen Nähe und Vertrauen
Hab Angst alles zu versauen

In meinen Gedanken ich mich verlauf
Es hört und hört einfach nicht auf
Erinnerungen erwachen zum Leben
Wie lange kann ich das überleben?

Ich gehe meinen Pflichten nach
Ich funktioniere also demnach
Wie sehr mich das auch quält
Es ist das einzige was zählt

Verzweifelt schrei ich in mein Kissen
Inadäquat ist mein schlechtes Gewissen
Ich will die weiße Fahne hissen
Wer würde mich schon vermissen?

Meine Gefühle schalt ich ab

Ich bin ziemlich schlapp

Ich werd's nicht schaffen

Mich endlich aufzuraffen

Tränen kullern über meine Wangen

Weiß mit mir nichts anzufangen

Die Kraft zu Leben längst vergangen

Muss ich um mein Leben bangen?

Besinnliche Auszeit

Ist der Tod meine Flucht?

Das Spiel mit Gefahr meine Sucht?

Fragen treffen mich mit voller Wucht

Ich flüchte in meine liebste Bucht

Ich hole tief Luft

Ich liebe diesen Duft

Nach Sonnencreme und Meer

Ach ich fahr so gern hier her

Von meinen Schultern fällt jede Last

Ich gehe nun weiter ohne Hast

Den Strand entlang und im Nu

Kommen Körper und Geist zur Ruh

Ich setz mich in den Sand

Pessimismus hat keinen Bestand

Auf dem Meer liegt mein Blick

Auf einmal macht es Klick

Verdammt ich will leben

Ich werde nicht aufgeben

Freiheit ist mein Bestreben

Verdammt ich will leben

Löwentochter

Ich wurde schon früh verstoßen
Von meiner Mutter mit bloßen
Worten kann's nicht begreifen
Muss seitdem einsam umherstreifen

In mir schlägt ein Kämpferherz
Es pulsiert noch voller Schmerz
Einsame Löwin statt beliebtes Schaf
Bereue keine Entscheidung die ich traf

Mein Merkmal die feuerrote Mähne
Ich vergieß die ein oder andere Träne
Wenn ich so manch Narbe erwähne
Doch verfolge unentwegt meine Pläne

Ich verfüge reichlich an Stärke
Selbst wenn ich's nicht immer merke
Schier unmöglich mich zu zähmen
Ich werde mich nicht schämen

Allein komm ich zwar gut zurecht

Doch Gesellschaft ist nicht schlecht

Meinen liebsten bleib ich stets loyal

Meine Instinkte sind zudem genial

Nach jedem Fall raff ich mich auf

Das habe ich wohl sehr gut drauf

Erhobenen Hauptes schreite ich weiter

Ich bin stolz auf mich also heiter

Eines Tages

Nutzlos bin ich nimmer

Ausgenutzt werde ich immer

Sitze weinend in meinem Zimmer

Ohne jeglichen Hoffnungsschimmer

Das stimmt sicher nicht

Es ist bloß meine verzerrte Sicht

Ich find mich wieder im Licht

Gerne zugeben tu ichs nicht

Einige Dinge verlaufen vorzüglich

Ich wehre mich mit Händen und Füßen

Ich lasse mich allein büßen

Für Fehler nicht mal meiner selbst

Mein Herz macht reichlich Terz

Ich fühle Trost in alldem Schmerz

Mein Leben will ich verfluchen

Doch werde das Gegenteil versuchen

Nostalgisch zurücksehend

Bitte ich mich wahrlich flehend

Sei nicht so stur, du schadest dir nur

Und das ist nicht unser Schwur

Meine Ressourcen sollen nicht

verkümmern

Ich will mich liebevoll um mich

kümmern

Wohlwollend will ich mich

umsorgen

Hoffe ich fühl mich einst bei mir

geborgen

Zwischending

Nicht mehr schwarz oder weiß

Viel mehr schwarz und weiß

Das beweist meinen Fleiß

Meine Entwicklung ich lobpreis

Zwischen Zwang und Freiheit

Zwischen Selbsthass und Selbstliebe

Zwischen Hoffnung und Verzweiflung

Zwischen Glauben und Misstrauen

Ich weiß was ich davon begehre

Und mir dies oft verwehre

Stehe mir stets selbst im Weg

Den Fokus ich nur auf Schwächen leg

Ich werde das sein lassen

Ich will mich nicht hassen

Ich gebe mir einfach Zeit

Irgendwann bin ich so weit

Dieses Zwischending verschwunden

Dafür hab ich mich im Licht gefunden

Ich sehe das Leben dann in bunt

Und das aus gutem Grund

Herzenswärme

Zum Lächeln bringt mich

Ein einziger Gedanke an dich

Mir wird warm ums Herz

Wirklich das ist kein Scherz

Ich hab Schmetterlinge im Bauch

Dieses Gefühl nicht bloß ein Hauch

Ich kanns nicht mehr verdrängen

Es beschert mir Glück in Mengen

Ich bin noch scheu

All das ist für mich noch neu

Habe keine Angst davor

Ich steige auf Wolke 7 empor

Überwinden will ich die Kluft

Ich inhaliere deinen süßen Duft

Ich bin dir wohl verfallen

In deinen Armen lass ich mich fallen

Ich bin verliebt in deine Augen

Welche mir den Atem rauben

Deine Stimme so schön zart

Ich bin verliebt in deine Art

Ich sehne mich sehr nach dir

Wünschte du wärst hier bei mir

Doch es versetzt mir einen Stich

Zu wissen du fühlst nicht wie ich

Guten Flug

Ich leb nach meiner eigenen Fasson
Versteck mich nicht in meinem Kokon
Mein Leben nicht wie grauer Beton
Vielmehr wie ein Heißluftballon

Selbsthass mir in die Quere kam
Ich denke ich bin zu langsam
Der Heißluftballon zieht vorbei
Darum ich verzweifelt schrei

Will ihn zum Halten bringen
Um noch hinein zu springen
Will mir einen Überblick verschaffen
Statt irrsinnig hinterher zu gaffen

Doch nun stell ich fest
Es ist des Zweifels Rest
Ich flieg bereits davon
In meiner Freiheit ich mich sonn

Lass mich nicht lügen

Ich hör auf mich zu rügen

Genieße das Leben in vollen Zügen

Dem ist nichts mehr hinzuzufügen

Von Nichts kommt nichts

Was du heute kannst besorgen

Verschiebe nicht auf morgen

Doch aufgeschoben

Ist nicht aufgehoben

Morgenstund hat Gold im Mund

Kindermund tut Wahrheit kund

Ein gutes Gewissen

Ist ein sanftes Ruhekissen

Stille Wasser sind tief

Der Ton macht die Musik aber schief

Darum bleib ich besser stumm

Als dumm und summ

Wer den Pfennig nicht ehrt

Ist des Talers nicht wert

Wer rastet der rostet auch mit

Bierchen

Doch jedem Tierchen sein Pläsierchen

Gelegenheit macht Diebe

Pech im Spiel Glück in der Liebe

Jeder Topf findet seinen Deckel ohne Plagen

Liebe geht durch den Magen

Wer schön sein will muss leiden

Will lange Rede kurzer Sinn vermeiden

Alter vor Schönheit früh übt sich

Scherben bringen Glück oder nich?

Wer ernten will, muss säen

Das Auge isst mit! Alles Käse oder ohne?

Das interessiert mich nicht die Bohne

Der Apfel fällt nicht weit vom Stamm

Klappe zu Affe tot bam!

Nicht vergehen tut Unkraut

Das geht auf keine Kuhhaut

Auge um Auge Zahn um Zahn

Danach kräht kein Hahn

Hochmut kommt vor dem Fall ich meine

Lügen haben kurze Beine

Hunde die bellen beißen nicht

Geld regiert die Welt beachte diese Sicht

Auch ein blindes Huhn

Findet mal ein Korn und nun

Kehr vor deiner eigenen Tür daheim

Ein Unglück kommt selten allein

Einem geschenkten Gaul

Schaut man nicht ins Maul

Mir ist eine Laus über die Leber

gelaufen

Kleinvieh macht auch Mist auf einen Haufen

Ratschläge sind auch Schläge ach Junge!

Es liegt mir auf der Zunge

Dummheit und Stolz

Wachsen auf einem Holz

Klappe zu, Affe tot

Ein gebranntes Kind scheut das Feuer

Von nichts kommt nichts ist mir nicht geheuer

Eine Hand wäscht die andere

Alle Wege führen nach Rom ich wandere

Jeder ist seines Glückes Schmied

Wer zuerst kommt mahlt zuerst ich mied

Ratten verlassen das sinkende Schiff

Schuster bleib deinem Leisten der letzte Schliff

Wer ernten will muss säen ich bin sauer

Die dicksten Kartoffeln hat der dümmste Bauer

Kartoffeln Hafer und Brei

Aller guten Dinge sind drei

Wer im Glashaus sitzt sollte

Nicht mit Steinen werfen ich wollte

Lieber nen Spatz in der Hand

Als ne Taube auf dem Dach am Rand

Schönheit liegt in des Betrachters Auge

Ob ich nun zu irgendetwas tauge?

Was glänzt ist nicht alles Gold

Das letzte Hemd hat keine Taschen

gewollt

Wie ich in den Wald hinein rufe

So schallt es heraus in Alarmstufe

Grab ich anderen eine Grube

Fall ich selbst hinein in die gute Stube

Gehirnwäsche

Es haust eine Kommode

In meinem Kopf so marode

Sie verursacht nur Schaden

Ich öffne ihre Schubladen

Bekomme nur meine Fehler zu Gesicht

Schön ist das sicher nicht

Bedrückt schaue ich auf diese nieder

Also schließe ich sie rasch wieder

Doch ich will nun wagen

In meinem Tun zu versagen

Die Schubladen öffne ich erneut

Irgendwie bin ich darüber erfreut

Ich sortiere endlich aus

Einiges muss hier raus

Nicht alles waren Fehler

Lediglich der Energie ihr Stehler

Die Kommode kreier ich nun

Extravagant und werde immun

Gegen Finsternis welche bezwinge

Leugne nicht länger die schönen Dinge

Entwicklung ist ein schönes Kaliber

Ach Herrje da verwahr ich lieber

Wundervolle Momente in den Schubladen

So verursach ich keinen Schaden

Ich bin nicht mehr Herr meiner Sinne.

Es ist mir nicht möglich klar zu denken. Dieser Tunnelblick führt nur zu einer einzigen Sache, Selbstverletzung. Der Tunnel lässt mich denken das wäre der einzige Weg, der existiert. Ich bin nicht Herr meiner Sinne. Ich kann wahrlich stur sein.

Doch anstatt geradeaus müsste ich bloß nach links und rechts schauen. Dort befinden sich doch Notausgänge, sogar mehrere. Die sind durch ihre grün leuchtenden Schilder unübersehbar. Ich will wohl nicht wahrhaben, dass es noch andere Wege gibt.

Ich kann wahrlich stur sein.

Ich bin nicht Herr meiner Sinne.

Nachdenklich starre ich die Notausgänge an. Nur zögerlich und mit Vorsicht bedacht schreite ich durch eine dieser Türen.

Ich bin Herr meiner Sinne!

Sternschnuppe der Hoffnung

Der Stern scheint bisher
Am Nachthimmel nun nicht mehr
Ich vergesse sie nicht
In meinem Herzen strahlt ihr Licht

Rede mir ein es sei erloschen
Zu oft hab ich mich verdroschen
Diese Zeit wird vergehen
Ich kanns nicht verstehen

Warum heg ich diesen Groll?
Und was ist an mir so toll?
Ich denk ich werde bloß angelogen
Der Nachthimmel hat mich nun angezogen

Es erscheint mir völlig verschroben
Unwillkürlich schaue ich nach oben
Ich erblicke nicht nur die Sterne
Auch ein kurzes Funkeln in der Ferne

Die Magie dessen ich selbst schuf

Die Sternschnuppe, mein Weckruf

Falsch ist mein Misstrauen

Nähe ist doch kein Grauen

Sie geben mir so viel

Nun hab ich nur ein Ziel

Mein Licht soll ihr Herz berühren

Es soll meine Dankbarkeit spüren

Einmal pusten und alles ist gut

Früher war's doch so leicht

Dieser eine Satz hat gereicht

Einmal pusten und alles ist gut

Bewundernswert dieser Gleichmut

Erlebnisse nun im Gedächtnis bleiben

Werden aber nicht gehüllt in Schweigen

Dunkle Wolken ziehen zwar hinein

In der Ferne bleibt ein heller Schein

Stürme wie diese werden vergehen

Lassen sich mit Hoffnung überstehen

Angst versucht diese zu ersticken

Liebe ist aber stets zu erblicken

Die Situation ist akut

Einmal Pusten und alles ist gut

Vielleicht kommt es doch zurück

Vielleicht braucht es ein wenig Glück

Vermutlich ist's nur Wunschdenken

Sollten dennoch nicht die Köpfe senken

Und diese nicht in Sorgen ertränken

Ich möchte Kraft und Hoffnung schenken

Hungrige Augen

Will den Augenblick aufsaugen
Mit meinen hungrigen Augen
Welche mich nahezu auslaugen
Und mir jegliche Kraft rauben

Meine Augen hungrig nach mehr
Das gefällt mir sehr
Sie werden mich belehren
Was es heißt zu verehren

Meinem Spiegelbild blicke ich entgegen
Angst und Schwäche? Von wegen
Auf Ruhe und Selbstliebe der Hunger
Im Dunkeln ich nicht weiter rumlunger

Mir wird schummrig
Meine Augen sind so hungrig
Ich will doch nur verstehen
Was diese in mir sehen

So motiviert und wissbegierig

Aber es ist so schwierig

Mich selbst nicht zu verlieren

Doch ich will mich bloß akzeptieren

Ich fahre mit meinen Fingerspitzen über Bilder meiner Kindheit. Gleich darauf nehmen meine Nozizeptoren Schmerzen wahr und leiten diese umgehend über C-Fasern als auch A-Delta Fasern weiter ans Rückenmark. Nachdem die Reize dort in Nervennetzwerken je nach Qualität und Intensität codiert werden geht's weiter ins Gehirn. Zunächst ordnen Insellappen und die somatosensorische Hinterrinde das Schmerzsignal dem Ursprungsort zu, das limbische System bewertet den Schmerz emotional. Zu guter Letzt ist der dorsolaterale präfrontale Cortex für die kognitive Einordnung zuständig. Meine Rezeptoren im Hirn & Rückenmark sind aber bereits sensibilisiert und durch fehlgeleitete molekulare/ zelluläre Lernprozesse hat sich ein Schmerzgedächtnis ausgebildet. Das bedeutet also jedes Mal wenn ich über eins dieser Bilder fahre übermannt mich der Schmerz. Um diesen Schmerzgedächtnis entgegen zu wirken mixe ich mir einen Drink aus "Glückshormonen". Ein bisschen Oxytocin für meine sozialen Kompetenzen, ein wenig Phenetylamin fürs Verliebt sein. Dann kommt noch Noradrenalin hinzu, um meine Leistungsbereitschaft zu steigern. Genauso wie Dopamin und Serotonin für emotionale Stabilität, gute Laune und genügend Schlaf.

Die Endorphine dürfen natürlich nicht fehlen als körpereigenes Schmerzmittel und zum Wohl der allgemeinen Stimmung. Diesen vielfältigen Drink bevorzuge ich eindeutig, also adieu Schmerz, mach's gut!

Desorientiert

Das Leben ist keine Idylle

Ich bin nur eine leere Hülle

Ich weiß ich bin gehemmt

Denn ich bin mir so fremd

Wird mir gesagt was mich ausmacht

Bin ich die die bloß darüber lacht

Betrachte mich aus einer anderen Sicht

Ich erkenne mich einfach nicht

Als würde ich neben mir sitzen

Lediglich die Ohren spitzen

In meiner Position verharren

Und nur in die Luft starren

Als würde mein Körper nicht mir

gehören

Diese Momente werden mich zerstören

Falls es nicht schon geschehen ist

Ach das ist doch alles Mist!

Was ist das für ein Spiel?

Ich fühl so unfassbar viel

Zeitgleich aber nichts doch

Was soll all das hier noch?

Ein paar Tränen ich vergieße

Meine Augen ich jetzt schließe

Nun schlaf ich endlich ein

Hoffe es wird für immer sein

Mein Leben fängt gerade erst an, doch ich will es schon beenden.

Ich lass die Vergangenheit ruhen und doch wühl ich sie wieder auf.

Ich lerne meine Stärken kennen und doch sehe ich nur die Schwächen.

Ich akzeptiere mich wie ich bin und doch lehne ich mich ab.

Ich kann mich nun selbst lieben und doch hasse ich mich.

Ich brauche emotionale Nähe und doch suche ich die Einsamkeit.

Ich habe Spaß an meiner Arbeit und doch fühle ich bloß Verpflichtung.

Ich will wirklich an mir arbeiten und doch möchte ich nichts verändern.

Ich will mir echt helfen lassen und doch wünsche ich mir Therapie abzubrechen.

Ich will natürlich weiterleben und doch erkenne ich den Tod als Erlösung. Ich will nicht aufgeben und doch verschwende ich meine Kraft.

Ich will Anerkennung erhalten und doch erstrebe ich nichts als Ablehnung.

Mein Leben fängt gerade erst an, doch will ich es schon beenden.

On top!

5Uhr30 Die Rheinbahn streikt, also muss das Fahrrad her. Mein Schloss ist verschwunden, doch ich habe keine Zeit mehr. Also muss ich meine Mitbewohnerin wecken und nach ihrem Schloss fragen.

Ach was soll ich bloß sagen? Ihres klemmt, dann bitte ich halt meine Betreuerin um Hilfe. Nun bin ich auf dem Weg zur Arbeit. Kaputt ist auch noch mein Licht. Benutze ich eben meine Handytaschenlampe, warum auch nicht? Strömender Regen prasselt auf mich nieder. Doch er vermasselt es mir wieder, wenn ich so über die Felder rase. In einer riesigen Pfütze bleib ich stecken. Ich bin bis zu den Fußknöcheln nass, oh man wie sehr ich das hass! Ich setze meinen Weg fort, nun bin ich dort, bei der Arbeit zudem hoch motiviert. Endlich Feierabend! Ich steh vor meinem Fahrrad, na toll! Ein Vogel hat auf meinen Sattel gekackt. Ich glaub es hackt! Für die WG muss ich noch Einkaufen fahren, den Regen spüre ich wieder in meinen Haaren. Der Laden hat die Sachen die ich brauch nicht da. Ach, war doch klar!

Endlich zu Hause doch ich zieh die Stirn kraus. Mir bleibt nur eine halbe Stunde, hab ja noch Therapie. Muss das eigentlich sein? Na, dann pfeif ich mir eben noch was zu Essen rein. Therapie läuft zum Glück gut. Nun zieh ich vor mir selbst den Hut. Der Tag war absolut kein Flop.

Mein Durchhaltevermögen on top!

Meine Willensstärke on top!

Mein Ehrgeiz on top!

Als hätte ich in meiner Kindheit unter Einfluss von Dormicum gestanden. Alles wahrgenommen aber fast nichts im Gedächtnis geblieben. Doch dann kam Propofol hinzu und unter Vollnarkose wurden mir einige traumatische Erlebnisse implantiert. Nun, heutzutage ist mein Trauma die Lokalanästhesie meines Verstands. Meine Seele bereitet mir derart starke Schmerzen. Sie lassen mich das Atmen vergessen. Ich brauche dringend Sauerstoff und Dipidolor bestenfalls auch. Nur so kann ich die Implantate ertragen und lernen mit diesen zu leben!

Ja, mein Trauma ist die Lokalanästhesie meines Verstands. Doch eine örtliche Betäubung hält nicht ewig an, ihre Wirkung lässt nach. Demzufolge werden auch die Schmerzen gelindert, denn ich kann von meinem Verstand wieder Gebrauch machen. Ich erkenne keine Schuld zu tragen an dem was mir widerfahren ist und mein Selbstbild entspricht auch nicht der Realität.

Nun ist es Zeit für die nächste OP und für diese entscheide ich mich bewusst. Ich lass mir die Implantate entfernen. Allerdings ist es nicht möglich alle zu entnehmen. Manche sind nämlich bereits verwachsen. Diese werden eben stets ein Teil von mir sein und das ist vollkommen in Ordnung. Dennoch ist solch eine OP sehr wichtig und ich kann es kaum erwarten. Meine Vorfreude ist riesig!

Danksagung!

Ich möchte mich bei allen herzlich bedanken, die mich inspiriert und unterstützt haben. Sei es durch kleine Anmerkungen, Zitate, Ideen, Ermutigungen oder Hilfe bei Formulierungen. Allein wäre ich nie so weit gekommen. Danke, dass ihr an mich glaubt.

Denjenigen den ich besonders viel zu verdanken hab möchte ich noch einen persönlichen Dank aussprechen.

Sarah S. du hast mir nicht nur zu meinem beruflichen Weg verholfen, du hast mich nämlich auch bestärkt überhaupt mit dem Schreiben anzufangen. Ich bin dir mit tiefstem Dank verbunden.

Quinn ich danke dir von Herzen, dass du stets an meiner Seite bist. Ich schätze dich und unsere Freundschaft wirklich sehr. Auch du warst mir eine sehr große Hilfe beim Verwirklichen meines eigenen Buches, danke!

Liebe Frau K. Sie haben immer ein offenes Ohr für mich. Ich danke Ihnen vielmals. Doch nicht nur dafür, oft haben Sie mich inspiriert, ermutigt, mir sehr viel Zeit geschenkt. Das tun Sie noch immer, vielen lieben Dank!

Liebe Frau B. auch bei Ihnen möchte ich mich bedanken. Sie sind mir stets eine große Stütze. Wie weit ich durch Ihre Hilfe gekommen bin, rechne ich Ihnen hoch an. Herzlichen Dank!

EIN EIGENES BUCH VERÖFFENTLICHEN

tredition wurde 2006 in Hamburg gegründet. Seitdem hat tredition mehrere tausend Buchtitel veröffentlicht. Autoren veröffentlichen in wenigen leichten Schritten gedruckte Bücher, e-Books und audio-Books. tredition hat das Ziel, die beste und fairste Veröffentlichungsmöglichkeit für Autoren zu bieten.

tredition wurde mit der Erkenntnis gegründet, dass nur etwa jedes 200. bei Verlagen eingereichte Manuskript veröffentlicht wird. Dabei hat jedes Buch seinen Markt, also seine Leser. tredition sorgt dafür, dass für jedes Buch die Leserschaft auch erreicht wird.

Im einzigartigen Literatur-Netzwerk von tredition bieten zahlreiche Literatur-Partner (das sind Lektoren, Übersetzer, Hörbuchsprecher und Illustratoren) ihre Dienstleistung an, um Manuskripte zu verbessern oder die Vielfalt zu erhöhen. Autoren vereinbaren direkt mit den Literatur-Partnern die Konditionen ihrer Zusammenarbeit und partizipieren gemeinsam am Erfolg des Buches

Das gesamte Verlagsprogramm von tredition ist bei allen stationären Buchhandlungen und Online-Buchhändlern wie z. B. Amazon erhältlich. e-Books stehen bei den führenden Online-Portalen (z. B. iBookstore von Apple oder Kindle von Amazon) zum Verkauf.8

Jetzt ein Buch veröffentlichen: **www.tredition.de**

EINE BUCHREIHE ODER VERLAG GRÜNDEN

Seit 2009 bietet tredition sein Verlagskonzept auch als soge-
nanntes "White-Label" an. Das bedeutet, dass andere Perso-
nen oder Institutionen risikofrei und unkompliziert selbst
zum Herausgeber von Büchern und Buchreihen unter eige-
ner Marke werden können. tredition übernimmt dabei das
komplette Herstellungs- und Distributionsrisiko.

Zahlreiche Zeitschriften-, Zeitungs- und Buchverlage, Uni-
versitäten, Forschungseinrichtungen, u.v.m. nutzen diese
Dienstleistung von tredition, um unter eigener Marke ohne
Risiko Bücher zu verlegen.

2

Alle Informationen im Internet: **www.tredition.de/Buch-
verlage**

tredition wurde mit mehreren Innovationspreisen ausge-
zeichnet, u. a. Webfuture Award und Innovationspreis der
Buch-Digitale.

tredition ist Mitglied im Börsenverein des Deutschen Buch-
handels